Irma Streck

Das Vaterunser und die Kraft des

ICH BIN

Ein Gebet in 14 Bildern

Schirner
Verlag

ISBN Printausgabe 978-3-8434-5121-5
ISBN E-Book 978-3-8434-6291-4

Irma Streck:
Das Vaterunser und
die Kraft des ICH BIN
Ein Gebet in 14 Bildern
© 2015 Schirner Verlag, Darmstadt

Umschlag: Murat Karaçay, Schirner,
unter Verwendung eines Bildes
von Irma Streck
Layout: Anke Brunn, Schirner, unter Verwendung von Bildern von Irma Streck
und # 142201915 (Morphart Creations),
www.shutterstock.com
Lektorat: Karin Garthaus, Schirner
Printed by: Ren Medien GmbH,
Germany

www.schirner.com

2. Auflage Dezember 2016

Inhalt

Vaterunser

Vater unser im Himmel,
geheiligt werde dein Name.
Dein Reich komme.
Dein Wille geschehe,
wie im Himmel, so auf Erden.
Unser tägliches Brot gib uns heute.
Und vergib uns unsere Schuld,
wie auch wir vergeben unsern Schuldigern.
Und führe uns nicht in Versuchung,
sondern erlöse uns von dem Bösen.
Denn dein ist das Reich
und die Kraft
und die Herrlichkeit
in Ewigkeit.
Amen.

Vorwort

Liebe Leserin und lieber Leser,

in diesem kleinen Buch wird das Vaterunser, das als zentrales Gebet der Christenheit gilt, mit der uralten Weisheit des ICH BIN verbunden.

Der französische Philosoph Omraam Mikhaël Aïvanhov (1900–1986) wählte für das Vaterunser das Sinnbild eines Samenkorns, das, wie klein es auch sein mag, doch für etwas Großes steht. Es beinhaltet das Wesentliche, in dem alles zu finden ist. Denn so, wie die Natur in einem Samenkorn die Anlagen eines ganzen Baums zusammenfasst, so hat auch Jesus seine gesamte Lehre im Vaterunser verdichtet. Ähnlich verhält es sich mit der Kraft des ICH BIN als Ausdruck göttlichen Bewusstseins. Beides, sowohl das Vaterunser als auch das ICH BIN, können wir als Hilfswerkzeuge nutzen, um unser eigenes Licht und die Verbindung zum Göttlichen zu bestärken. In dem Maße, wie wir unsere Aufmerksamkeit auf dieses Gebet richten, die Worte darin verinnerlichen und in unserem Herzen tragen, wässern wir bildlich gesehen das Samenkorn und lassen den Keimling wachsen. Dann kann er gar nicht anders – er wird erblühen und reiche Ernte bringen.

Dies ist ein Buch, das mit Ihnen leben und Sie begleiten möchte. Sie finden darin eine Bildmeditation, verbunden mit meinen Gedanken zum Vaterunser und zum ICH BIN. Schlagen Sie immer wieder eine neue Seite auf, so, wie es Ihnen gefällt. Halten Sie es in Ihren Händen, manchmal auch, ohne darin zu lesen. Fühlen Sie seine Essenz, und lassen Sie seine Wirkung sich entfalten.

»Das Vaterunser und die Kraft des ICH BIN« stellt ein Gebet in 14 Bildern dar. Durch Bilder betreten wir Räume in unserem Bewusstsein und betrachten die vielfältigen Aspekte des Lebens, von denen das Gebet kündet. Verändern sich die Bilder in uns, so verändert sich auch unsere Welt im Außen.

Das Vaterunser wendet sich dem Licht des Vaters zu. Das gilt ebenso für die nachfolgende Bildmeditation, wenn auch das Göttliche gewiss beides, Vater und Mutter, zugleich ist, da es alles in sich vereint.

Jedes Bild beschreibt einen bestimmten Vers im Vaterunser, der von den Worten des ICH BIN begleitet wird.

Die Körpergebete in der Bildmeditation stellen Übungen dar, die den Körper beim Beten miteinbeziehen und dadurch Körper, Geist und Seele wieder zusammenführen. In unserer westlichen Kultur leben die Menschen meist sehr verstandesmäßig. Der Verstand erfasst jedoch bekanntlich nur einen Teil der Wirklichkeit und reduziert das Beten häufig auf Gedanken und Worte. Zur ganzheitlichen Erfahrung unserer menschlichen Natur gehören jedoch auch die Wahrnehmung unseres Körpers, all unsere Empfindungen und unser Wunsch nach Bewegung. Erst in Verbindung mit unserem Körper können wir wirklich präsent sein. Beziehen wir ihn in unser Beten mit ein, würdigen wir das gesamte Wesen, das wir sind, und lassen es am Gebet teilhaben.

Dieses Gebet führt uns zum Licht, und wo Licht wirkt, ist auch immer Freude. Freude ist eine fließende Lichtkraft, die erneuert und verwandelt. In dem Buch zeigt sie sich als neugierig-verspieltes und manchmal auch nachdenkliches Wesen. Sie sagt: »Ich bin wie eine Lebensbrücke, über die man tanzen kann, und führe dich von Bild zu Bild.« Denn:

> *»Zwischen Lachen und Spielen gesundet die Seele.«*
> *Arabisches Sprichwort*

Ich lade Sie herzlich dazu ein, den Worten und Bildern dieses Gebetes zu folgen und der Kraft des ICH BIN, die darin zum Ausdruck kommt, zu begegnen. Dies ist Ihre Kraft. Nutzen Sie sie als eine Möglichkeit, Ihr Herz berühren zu lassen und Ihren Geist zu stärken. Erlauben Sie sich, zu spielen sowie Leichtigkeit und Freude zu erfahren. Lassen Sie sich liebevoll an die Hand nehmen und in neue Räume Ihres Lebens führen.

Wenn Sie sogleich mit der Bildmeditation beginnen möchten, gehen Sie bitte auf S. 29.

Ansonsten begleiten Sie mich einfach durch die folgenden Gedanken.

Gedanken – das Vaterunser und die Kraft des ICH BIN

Was bedeutet Licht?

*M*anchmal genügt es, einfach nur eine Frage zu stellen – ohne bereits nach der Antwort zu suchen, denn allein das Fragen setzt schon vieles in Bewegung. Man lauscht in die Frage hinein und beobachtet, was dadurch im Leben geschieht. Allmählich gruppieren sich dann um diese Frage neue Ideen und Sichtweisen. Schon als kleines Kind übte Licht eine besondere Faszination auf mich aus – sei es das Strahlen der Sonne durch die Wolkendecke, das Lichtspiel auf der Wasseroberfläche, der geheimnisvolle Schein einer Kerzenflamme und so viele Erscheinungsweisen mehr. Was bedeutet Licht? Hildegard von Bingen bezeichnete Licht in ihren Visionen als etwas Lebendiges und Paracelsus umschrieb es mit den folgenden Worten:

> »Alles, was lebt, lebt im Licht. Alles, was existiert, strahlt Licht aus. Alle Dinge empfangen ihr Leben vom Licht, und dieses Licht ist in seiner Wurzel selbst Leben.«
>
> *Paracelsus (1493–1541)*

Die Sehnsucht nach dem Licht zieht sich durch weite Teile unserer Kulturgeschichte und zeigt, wie tief dieses Verlangen im Menschen verankert ist. In den Kathedralen des 12. Jahrhunderts zum Beispiel finden wir den Ausdruck dieser Sehnsucht im Versuch, Licht durch eine neuartige Architektur erfahrbar zu machen, die das dichte Mauerwerk durchbricht und durch große Fenster Helligkeit einströmen lässt. Man spricht von der Lichtarchitektur der Gotik. Der Mensch solle anhand dieser Erfahrung und »durch das Licht der Wahrheit zum wahren Licht« finden (Suger von St. Denis [1081–1151]). Licht wird hier als Sinnbild des Göttlichen verstanden, Gnade, Frieden, Heil und Segen bringend.

Anfang 2015 fand ich einen Artikel mit der Überschrift »LICHT FÜR WANDEL« und den Hinweis, dass dieses Jahr von den Vereinten Nationen zum »Internationalen Jahr des Lichtes« proklamiert wurde. Das Licht, so heißt es weiter, sei eine elementare Lebensvoraussetzung für die gesamte Schöpfung und auch Bestandteil von Wissenschaft und Kultur. Wissenschaftliche Erkenntnisse über Licht erlaubten ein besseres Verständnis des Kosmos und führten zu besseren Behandlungsmöglichkeiten in der Medizin sowie zu neuen Kommunikationsmitteln. Das Licht stehe somit für Erneuerung, Wandel und Entwicklung.

Heute, in einer Zeit größter Veränderungen, ist es wichtiger denn je, uns die noch viel weiter reichende Bedeutung von Licht bewusst zu machen. Wir sind geistige Wesen, vom Lichte kommend. Unsere Bestimmung ist es, mit diesem Licht wieder in Verbindung zu treten und in Ausrichtung auf das göttliche Licht zu leben. Je mehr wir uns in der Betrachtung des Lichtes üben, desto klarer erkennen wir die Zusammenhänge des Lebens.

Das Vaterunser im österlichen Licht

Neben Weihnachten ist Ostern das bedeutendste christliche Fest. Es verdeutlicht die Ewigkeit des Lebens. Es ist ein JA zur Kraft der Verwandlung und des Neubeginns. Jesus Christus, der Auferstandene, zeigte uns durch sein Leben den Lichtweg und sprach: »Wer an mich glaubt, der wird die Werke auch tun, die ich tue, und wird größere als diese tun.« (Joh 14,12)[1] Diese Botschaft ist eine mächtige Verheißung, die uns auf die höchste Stufe stellt, auf der wir mit Christus gleich sind. Auch wenn wir vielleicht denken, dass wir dafür noch viel Zeit brauchen werden, so können wir doch damit beginnen. Jesu Worte dienen der Bestärkung und laden dazu ein, unsere Fähigkeiten zu aktivieren, um alte Begrenzungen zu verlassen, so wie er sein Grab verließ. Sind wir dazu bereit? Und womit beginnen wir? Das bewusste Erkennen mag ein erster Schritt auf diesem Weg sein: zu erkennen, dass das Samenkorn des Lichtes in uns liegt und dass wir Schöpferwesen sind, die mit dem Ursprungslicht in Verbindung stehen. Da die Materie bekanntlich dem Geiste folgt, entwickeln sich aus unseren neuen Sichtweisen und aus jedem lichtvollen Gedanken auch unmittelbare Veränderungen. Wir feiern Ostern, damit sich die Botschaft des Osterfestes auch in unserem Inneren manifestiert. Das Vaterunser hat eine Verwandlungskraft, die genau auf dieses Leben in österlicher Herrlichkeit vorbereitet und aus jedem Tag ein neues Ostern machen kann. In jedem von uns ist die Kraft von Christus und die Kraft des ICH BIN.

---

1 Lutherbibel 1984: www.die-bibel.de, Stand: 30.09.2015 (Soweit nicht anders vermerkt, beziehen sich Bibelzitate auf diese Quelle, Hervorhebungen in Großbuchstaben stammen von der Autorin).

»Ich bin die Auferstehung und das Leben.«
Joh 11,25

Was bedeutet ICH BIN?

Diese Worte bringen eine uralte Weisheit zum Ausdruck, die bereits im alten Testament Erwähnung findet. So steht geschrieben, dass Mose auf die Frage nach dem Namen Gottes die Antwort erhielt: »ICH BIN DER ICH BIN« (2 Mos 3,14)[2]. Jesus knüpfte an diesen Gottesnamen an. Er kannte die tiefe Bedeutung dieser Worte und verwendete sie vielfach in seinen Lehren. Immer noch faszinieren uns seine Sätze, die oft mit »ICH BIN« beginnen, durch ihre fühlbare, gebündelte Kraft.

ICH BIN der Weg und die Wahrheit und das Leben (...). (Joh 14,6)

ICH BIN das Licht der Welt. (Joh 8,12)

ICH BIN das Brot des Lebens. (Joh 6,35)

ICH BIN die Tür. Wenn jemand durch mich hineingeht, wird er selig werden (...). (Joh 10,9)

ICH BIN der gute Hirte. Der gute Hirte lässt sein Leben für die Schafe. (Joh 10,11)

ICH BIN die Auferstehung und das Leben. (Joh 11,25)

ICH BIN der Weinstock, ihr seid die Reben. (Joh 15,5)

---

2 Elberfelder Bibel 1905: www.bibel-online.net (Stand: 30.09.2015).

ICH BIN steht für das göttliche Bewusstsein, das ewige Sein jenseits aller Formen. Der Mensch ist lebendiger Ausdruck dieses göttlichen Bewusstseins, das nicht irgendwo außerhalb zu suchen ist, sondern inwendig in ihm selbst. Verbinden wir uns mit der Kraft dieser Worte, so verbinden wir uns mit der göttlichen Quelle und erinnern uns an das große Geschenk, hier auf Erden Mitschöpfer zu sein. Diese Erkenntnis ist ein kostbarer Schlüssel für die Gestaltung des Lebens.

Für den spirituellen Lehrer Eckhart Tolle sind die Worte »Seid still, und wisset – ICH BIN Gott« gar die tiefsinnigste Aussage der Bibel. Wobei jedes Wort wie ein Synonym auf das Gleiche verweise. »Sei« zeige das Sein auf. »Still« sei die Stille jenseits der Gedanken, das reine Bewusstsein selbst. »Wisse« sei das tiefe Wissen, das nicht durch Konzepte entstehe. »ICH BIN« sei die zeitlose Identität und »Gott« das eine Leben, das Ganze.[3]

> *»Seid stille und erkennet, dass ich Gott bin.«*
> *Psalm 46,11*

Während ich die Bilder zum Vaterunser malte, kamen mir immerzu ICH-BIN-Worte in den Sinn, und ich fragte mich, wie das ICH BIN mit den Worten zum Vaterunser in Verbindung gebracht werden könnte. Allmählich lichteten sich die Nebel, und mir wurde klar, dass die Worte des Vaterunsers und die Worte des ICH BIN vom gleichen göttlichen Bewusstsein künden. Somit war nichts in Einklang zu bringen, sondern es war bereits miteinander verbunden. Beides als ein Ganzes.

3 Aus einem Vortrag von Eckhart Tolle, veröffentlicht am 22.2.2013 unter: youtu.be/DlupfaF4lIU (Stand: 28.09.2015).

So kamen die Worte des ICH BIN zum Vaterunser hinzu, und es entstand daraus »Das Vaterunser und die Kraft des ICH BIN«. (Ich nenne es kurz: ICH-BIN-Gebet.) Es zeigte mir erneut, wie vielfältig das Gebet Jesu sein kann, und dass sich für jeden Menschen ein passender Weg finden lässt. Manch einem sind die Worte des Vaterunsers vielleicht aus Kindertagen bekannt und vertrauter. Sie schenken ein Gefühl von tiefer Geborgenheit, wenn der »Vater im Himmel« angesprochen wird. Andere mögen sich durch die Wirkkraft des ICH BIN berührt fühlen, das die unmittelbare Gegenwart Gottes im eigenen Herzen betont und den Menschen als Mitschöpfer begrüßt.

Sie finden das ICH-BIN-Gebet auf S. 86.

Warum beten wir?

In allen Religionen und Kulturen wird gebetet. Beten ist ein Grundbedürfnis des Menschen, geleitet von dem tiefen Wunsch, Verbindung mit dem Göttlichen zu haben und sich mit ihm auszutauschen, sich inspirieren, stärken und leiten zu lassen. Alle Themen des menschlichen Lebens finden auch Ausdruck im Gebet: unsere Nöte – im Rufen nach einer erlösenden Gotteskraft –, ebenso wie unsere Freude, die sich in tiefer Dankbarkeit äußern kann. In unserer Welt ist derzeit so vieles im Umbruch, und die Sehnsucht der Menschen nach Frieden, nach Liebe, nach Befreiung von Hunger und der Bedarf an geistiger Nahrung ist unendlich groß. Das Gebet ist uns dabei ein Lichtwerkzeug, das immense Hilfe leisten kann. ICH BIN die Tür. Kommet herein. Seid willkommen!

» Begleiten wir alles durch unser Gebet,
und es wird eine mächtige Wirkung zeigen. «

Johannes Bosco, » Don Bosco« (1815–1888)

Beten vermittelt ein Gefühl von Vertrautheit, von einer unmittelbaren Nähe Gottes in uns. Vertrautheit hat mit Vertrauen zu tun. Vertrauen auf die Treue Gottes. Auf seine Treue ist Verlass. Auf diese Verbindung ist Verlass. Sie hat Bestand und trägt. Auf sie können wir bauen. Trauen Sie sich. Vertrauen Sie sich ihr an. Lassen Sie Nähe entstehen. Diese Haltung fand ich in einem Gebet einer Chirurgin sehr schön verdeutlicht, die kurz vor der Operation ihre Hände betrachtete und sprach: »Schau, dies sind deine Hände. Führe sie gut, und bringe dich nicht in Verlegenheit!«

Als meine Tochter noch klein war und wir uns gerade in einer schwierigen Situation befanden, fragte ich sie: »Wollen wir Erzengel Michael anrufen und um Schutz bitten?« Prompt kam ihre Antwort: »Ja, hast du denn die Telefonnummer?« Das machte mich nachdenklich: Wie stellen wir Verbindung her? Was unterstützt unser Beten? Wie betete Jesus?

Vor etwa 2000 Jahren baten die Jünger Jesus: »Herr, lehre uns beten (...)« (Lk 11,1). Er brachte ihnen daraufhin die Worte des Vaterunsers und die Art des Betens bei. Er vermittelte ihnen dabei den Wert der Stille, die Bedeutung des Herzens hinter jedem Gebet und die Kraft der einfachen Worte.

Jesus zog sich immer wieder zum Beten in die Stille zurück, um seiner Verbindung mit dem Vater Vorrang vor allem anderen zu geben. Seine innige, vertraute Nähe zum Vater wird in seiner besonderen Anredeform »Abba« (= Papa, Väterchen; Aramäisch »Ab« = Vater) deutlich, die eigentlich gar nicht übersetzt werden kann. Sie ist Jesu ureigene Schöpfung, die seine zärtliche Hingabe an die Liebe und Güte des Vaters bekundet. So wird aus dem Beten ein ...

»... Verweilen bei einem Freund, mit dem wir oft und gern allein zusammenkommen, einfach um bei ihm zu sein, weil wir sicher wissen, dass er uns liebt.«
Teresa von Avila (1515–1582)

ICH BIN der Liebende.

Beten in der Gemeinschaft

»Wo zwei oder drei in meinem Namen versammelt sind, da bin ich mitten unter ihnen.« (Mt 18,20). Diese bekannten Worte Jesu unterstreichen die Bedeutung der Gemeinschaft. In allen Gottesdiensten des Christentums wird das Vaterunser gebetet. Es wird in der Gemeinschaft aufgesagt. Mich selbst erfasst stets ein tiefes Gefühl der Ergriffenheit, wenn das Vaterunser gemeinsam gesprochen wird. Betende sind in der Gemeinschaft durch eine darin liegende, besondere Energie geschützt und getragen. Diese gleicht gebündeltem Licht, und eine größere geistige Kraft kann durch sie wirksam werden. Viele Menschen beten derzeit für mehr Licht, mehr Liebe und Frieden in der Welt. Sie können sich im Gebet mit anderen Menschen verbinden, unabhängig von dem Ort, an dem Sie sich gerade befinden und sich der Kraft dieser Gebete anschließen.

Der Odilienberg im Elsass, ein Berg mit einer alten Klosteranlage und ein besonderer Kraft- und Wallfahrtsort, beherbergt eine Kapelle der ewigen Anbetung. Tag und Nacht wechseln sich hier Menschen ab, um kontinuierlich, mal auf Französisch, mal auf Deutsch, für den weltweiten Frieden zu beten. Dies ist ein Geschenk für die Welt, das große Wirkung hat.

Das Vaterunser enthält sieben Bitten, von denen vier das Wörtchen »uns« erwähnen: »Unser tägliches Brot«, »unsere Schuld«, »führe uns«, »erlöse uns«. Dadurch wird die wesentliche Bedeutung von Gemeinschaft unterstrichen, denn die Lebensformen sind so vielfältig miteinander verbunden, und niemand steht für sich allein.

ICH BIN die Gemeinschaft.

Das Gebet der Freude

Wohl das berühmteste Gebet der Freude, ein Lobpreis an die Schöpfung Gottes, ist der Sonnengesang des Franz von Assisi (1181–1226), der wie kein anderer alle Geschöpfe in sein Liebeslied aufnahm und verherrlichte. Er betete mit Freude und mit einem singenden Herzen. Wir kennen diese besonderen Momente in unserem Leben, in denen uns die Freude beseelt, kräftigt und uns alles möglich erscheint. Die Strahlkraft der Freude kommt der Liebe gleich. Beide gehen Hand in Hand. Sie sind Schlüssel zu unserer Erfüllung, die Wegweiser unserer Bestimmung und Vorboten für ein Leben im Christuslicht. Folgen Sie Ihrer Freude und lassen Sie die Freude Ihr Gebet sein.

ICH BIN die Freude.

Vater Himmel – Mutter Erde

Wiewohl Gott in der Bibel überwiegend patriarchalisch dargestellt wird, gibt es auch Hinweise auf Gottes mütterliche, weibliche Seite, die wir mit Sanftmut, Güte und Barmherzigkeit in Verbindung bringen. Deutlich werden die weiblichen Gottesaspekte zum Beispiel im Sinnbild des verlorenen Sohnes. In dem Gleichnis heißt der Vater den heimkehrenden jüngeren Sohn freudig, ja zärtlich, willkommen und ruft ihm zu Ehren sogar ein Fest aus. Keine Schuldvorwürfe, nur Güte, Liebe und Freude.

Jesus wandte sich dem Licht des himmlischen Vaters zu, das als geistiges Prinzip gilt. Er wusste aber ebenso um die Bedeutung der Kraft von Mutter Erde als irdisches Prinzip, und dass es für ein ganzheitliches Leben in Harmonie und Gesundheit hier auf Erden wichtig ist, beides zu würdigen. Seine Kenntnis über die Natur beider Kräfte und der darin eingebundenen Wirkweisen der Engel werden wunderbar in den Schriftzeugnissen der Gemeinschaft der Essener zum Ausdruck gebracht, die Jesu Lehren empfingen. Dr. Edmond Bordeaux Székely (1905–1979) fand diese alten Manuskripte in den Geheimarchiven des Vatikans, übersetzte sie und veröffentlichte das erste Werk als »Friedensevangelium der Essener« Ende der 1920er-Jahre. In diesen Schriften findet sich auch das Gebet »Unsere Mutter«, das Jesus seine Jünger nach der Verkündung des Vaterunser lehrte. Damit betonte er auch seine liebevolle Beziehung zu Mutter Erde:

»Unsere Mutter, die du bist auf Erden,
geheiligt sei dein Name.
Dein Reich komme,
und dein Wille geschehe in uns wie in dir.
Da du jeden Tag deine Engel sendest,
so sende sie auch zu uns.
Vergib uns unsere Sünden,
die wir alle unsere Sünden gegen dich sühnen.
Und führe uns nicht in die Krankheit,
sondern erlöse uns von allem Übel,
denn dein ist die Erde, der Körper
und die Gesundheit.
Amen.«[4]

Beten wir beides, das Gebet an den himmlischen Vater und das an Mutter Erde, so wertschätzen wir sowohl

4 Edmond Bordeaux Székely: »Das Friedensevangelium der Essener«. Neue Erde GmbH, 3. Auflage 2011, S. 63.

unsere irdische als auch unsere himmlische Natur und verbinden Himmel und Erde miteinander. Sinnbildlich gesehen entsteht dadurch eine Art Himmelsleiter, wie im Traum des biblischen Jakobs, auf der die Engel auf- und niedersteigen. Ein freier Fluss von männlichen und weiblichen Kräften ermöglicht ein ganzheitliches, kosmisches Verbundensein im Licht.

Das Vaterunser als universelles Friedensgebet

Es gibt Grundbedürfnisse und Hoffnungen, die bei allen Menschen gleich sind, unabhängig von ihrer Herkunft, ihrer Kultur und ihrer Religionszugehörigkeit. Sie zeigen sich in unseren Gebeten. Wir beten für Frieden, damit das Leben sich entfalten kann. Für Gesundheit, um hier auf Erden freudvoll wirken zu können. Wir beten für Wohlstand und für Nahrung, die uns wirklich nährt. Ebenso wünschen wir uns gute, harmonische Beziehungen zu unseren Nächsten. Und oftmals beten wir, um unsere Verbundenheit mit dem Göttlichen zu fühlen und mit diesem eins zu sein.

Das Vaterunser berührt alle Grundbedürfnisse des Menschen und zeigt einen Weg, der allen Erfüllung schenken kann. Es eignet sich dadurch als universelles Friedensgebet. Es bereitet uns durch die Wandlungsarbeit im Inneren darauf vor, dass Frieden, Wohlstand und Freude auf Erden für die gesamte Menschheit Wirklichkeit werden können. Das Vaterunser erinnert uns wieder an die Gründe, deretwegen wir hier sind.

Der Religions- und Sprachforscher Neil Douglas-Klotz hat mit seinen Tänzen des Universellen Friedens eine alte Tradition des Heiligen Tanzes wieder neu ins Leben gerufen und zeigt den Menschen damit einen Weg der ganzheitlichen Erfahrung des Betens auf. Sie bezieht sowohl die Stimme (Klang) als auch den Körper (Tanz) mit ein. Dabei wird das Abwûn, das aramäische Vaterunser, getanzt und gesungen. Der Tanz ist ein besonderer Weg, um das Beten vor allem mit dem Herzen erfahrbar zu machen und durch diese Herzenserfahrung in der Gemeinschaft einen Friedensbeitrag zu leisten.

»Da sprach Jesus abermals zu ihnen: Friede
sei mit euch!
Wie mich der Vater gesandt hat,
so sende ich euch.«
Joh 20,21

Abwûn – das aramäische Vaterunser

Aramäisch ist die Sprache Jesu. Zu seiner Zeit wurde es im gesamten Nahen Osten gesprochen. Hebräisch war damals vor allem die Sprache der Priester im Tempel und der Schriftgelehrten. Jesus lehrte und sprach mit seinen Jüngern auf Aramäisch, das für ein und dasselbe Wort oft mehrere Bedeutungen hat. So bedeutet das aramäische Wort »schem« sowohl »Name« als auch »Licht« und »Klang«. Diese Begriffe schließen einander nicht aus, sondern bleiben als unterschiedliche Gesichtspunkte nebeneinander bestehen, denn: »Anders als das Griechische bietet das Aramäische eine fließende und ganzheitliche Sicht des Kosmos.«[5] Neil Douglas-Klotz beschreibt in seinem Buch »Das Vaterunser« die Besonderheiten dieser bildreichen, vieldeutigen Sprache. Er übersetzte auch den aramäischen Urtext des Vaterunsers und stellt ihm die Worte aus der Lutherbibel zur Seite. Neben dem »Vater unser im Himmel«[6] stehen die Worte »Oh Gebärer(in)! Vater-Mutter des Kosmos«[7] oder »Oh du! Atmendes Leben in allem, Schöpfer(in) des schimmernden Klanges«[8]. Neben »Unser tägliches Brot« finden sich die Worte »Gewähre uns täglich, was wir an Brot und Einsicht brauchen«[9], was auch die geistige Dimension der Nahrung beinhaltet.

Die Neuübersetzung des Vaterunsers aus dem Aramäischen lautet folgendermaßen:

»O Gebärer(in)! Vater-Mutter des Kosmos,
bündele Dein Licht in uns – mache es nützlich:
Erschaffe Dein Reich der Einheit jetzt.
Dein eines Verlangen wirkt dann in unserem –
wie in allem Licht, so in allen Formen.
Gewähre uns täglich, was wir an Brot
und Einsicht brauchen.

---

5 Neil Douglas-Klotz: »Das Vaterunser«. Verlagsgruppe Droemer Knaur GmbH & Co. KG, München, Neuausgabe 2007, S. 13.
6 Ebd.
7 Ebd.
8 Ebd.
9 Ebd.

Löse die Stränge der Fehler, die uns binden,
wie wir loslassen, was uns bindet
an die Schuld anderer.
Lasse oberflächliche Dinge uns nicht irreführen,
sondern befreie uns von dem,
was uns zurückhält.
Aus Dir kommt der allwirksame Wille,
die lebendige Kraft zu handeln,
das Lied, das alles verschönert
und sich von Zeitalter zu Zeitalter erneuert.
Wahrhaftig – Lebenskraft diesen Aussagen!
Mögen sie der Boden sein, aus dem alle meine
Handlungen erwachsen.
Amen.«[10]

Das Vaterunser und die Kinder

Bei den Bildern zum Vaterunser sind Kinder das Haupt-
motiv. Diese Kinder haben jedoch nichts mit allgemeinen
Vorstellungen von Kindlichkeit zu tun. Sie dienen uns
hier als Botschafter des Lichtes und künden von einem
neuen Bewusstsein von Göttlichkeit und der Verbindung
zu Gott. Aus der Quelle kommend, mit einem reinen,
offenen Herzen, möchten sie uns zeigen, wer wir wirklich sind. Nämlich: Liebe, Freude, Herrlichkeit. Sie tragen

10 Aus: Neil Douglas-Klotz: »Das Vaterunser, S. 75. © 1992 Verlagsgruppe Droemer
Knaur GmbH & Co. KG, München, Neuausgabe 2007.

dazu bei, dass wir uns erinnern, und zeigen uns so den Weg nach Hause, in unser eigenes göttliches Licht.

»Lasset die Kinder und wehret ihnen nicht,
zu mir zu kommen;
denn solchen gehört das Himmelreich.«
Mt 19,14

Aspekte des Märchenhaften im Vaterunser

Kinder glauben meist an Märchen und haben die Verbindung zur Welt des Magischen noch nicht verloren. Auch im Vaterunser lassen sich Motive finden, die märchenhaft anmuten und in diesen Bildern zum Ausdruck kommen. Ich möchte Sie dazu einladen, erneut dem Märchen zu begegnen, um so dem Magischen und Wundervollen in Ihrem Leben eine Tür zu öffnen. Denn manchmal sind die Dinge anders, als sie scheinen und scheinbar Unmögliches wird möglich. Entdecken Sie Ihre Fantasie. Erlauben Sie sich zu träumen.

Das Motiv der Fülle (»Die Sterntaler«)

Göttliche Fülle nährt uns und fließt durch Vertrauen verstärkt in unser Leben. Das ist ein Motiv aus dem Sterntaler-Märchen und fordert uns dazu auf zu vertrauen. Die Geschichte handelt von einem kleinen Mädchen, das mit einem gütigen Herzen gesegnet ist. Es verschenkt mitfühlend sein Hab und Gut an andere, bis es gar nichts mehr hat. Es wendet sich sodann vertrauensvoll dem

Himmel zu, der seine Fülle – einen Strom von Goldtalern – über das Kind ausschüttet. Das Kind vertraut sich an. Es öffnet sich für die Fülle des Lebens und empfängt die Segnungen des Himmels.

Öffnen Sie sich ebenso für die Fülle. Vertrauen Sie auf das Wohlwollende in Ihrem Leben und darauf, dass Sie getragen, geliebt und genährt sind.

ICH BIN die Nahrung. (Bild S.42)

Das Motiv der Erlösung (»Der Froschkönig«)

Oft sehnen wir uns danach, etwas Verlorenes wiederzufinden, um uns vollständig zu fühlen. Das kommt auch im Märchen »Der Froschkönig« zum Ausdruck.

Die Prinzessin hat ihre goldene Kugel im Brunnen verloren. Diese Kugel war ihre größte Freude, und sie braucht sie einfach für ihr Glück. Da bietet der Froschkönig an, der am Brunnenrand sitzt, zu helfen. Auch er, ein verzauberter Prinz, hat etwas Kostbares verloren, wonach er sich sehnt und das er wiederfinden möchte.

Wenn wir das Verlorene in uns selbst wiederfinden, werden wir von dem Gefühl, von etwas getrennt zu sein, zunehmend erlöst und können zu einem Bewusstsein der Einheit gelangen.

Pflegen Sie die Verbindung zu Ihrem Herzen. Nehmen Sie achtsam wahr, was sich in Ihrem Herzen regt. Fühlen Sie, seien Sie ganz bei sich selbst.

ICH BIN die Erlösung. (Bild S.54)

Das Motiv der Freude (»Hans im Glück«)

Dieses Märchen erzählt von der Leichtigkeit eines frohen Herzens. Wie kein anderer sonst, vielleicht etwas »naiv« aus der Betrachtungsweise unseres Verstandes heraus, verweist die Hauptperson aus »Hans im Glück« immer wieder auf die Freude. Den materiellen Gütern schenkt er auf seinem Weg nicht allzu viel Beachtung und reicht sie leichten Herzens weiter. In jeder Situation erkennt er etwas Gutes und bewahrt sich seine Fröhlichkeit. So, in Verbindung mit seiner Freude, findet er den Weg nach Hause.

Erlauben Sie sich, einfach und fröhlich zu sein. Erlauben Sie sich, nach Hause zu kommen.

ICH BIN die Herrlichkeit. (S. 70 ff.)

Meditation und Mantra

Das Wort Meditation stammt ursprünglich aus dem Lateinischen, wobei »meditari« die Bedeutung von »nachsinnen« hat. Die Meditation hilft uns dabei, unsere Fülle an Gedanken und alles Äußere stiller werden zu lassen und einen Zugang zu unserer Innenwelt zu erhalten. Wir besinnen uns so auf unseren wahren Wesenskern, auf das göttliche Licht in uns und kommen wieder mit positiven nährenden Eigenschaften unseres Bewusstseins in Verbindung.

In den Traditionen der östlichen Kulturkreise, dem Zen-Buddhismus zum Beispiel, ist die Meditation eine weitverbreitete Praxis. Durch sie soll der innere Zustand der Leere, die Freiheit von Gedanken und Empfindungen erreicht werden. Eine ursprünglich etwas andere Ausrichtung hat die Meditation in der christlichen Mystik des Westens, in der es darum geht, in der Stille des inneren Seins einen Weg zu Gott – einem persönlichen Du – zu finden, mit ihm zu kommunizieren und mit ihm eins zu sein. Mittlerweile befruchten sich der Osten und der Westen in ihrer Spiritualität gegenseitig und lernen voneinander. Manche Erkenntnisse aus dem östlichen Kulturraum, zum Beispiel die aus dem indischen Yoga stammende Chakralehre, die von den feinstofflichen Energiezentren unseres Körpers kündet, fanden ihren Weg bereits in das Bewusstsein des Westens. Trudi Thali hat die Chakralehre im Zusammenhang mit dem Vaterunser in ihrem Buch: »Das Vaterunser als Chakra-Meditation« wundervoll erläutert. Darin ordnet sie den einzelnen Versen des Vaterunsers die jeweiligen Chakren zu. Diese Art des Betens, in Verbindung mit den Chakren und damit auch in Verbindung mit unserem Körper, zeigt uns einen weiteren Weg auf, um die Lichtkraft des Vaterunsers zur Bestärkung und zur inneren Entwicklung zu nutzen.

Die 14 Bilder von »Das Vaterunser und die Kraft des ICH BIN« lassen sich als Meditationsbilder verwenden und laden Sie dazu ein, den stillen Raum Ihres Herzens zu betreten und Ihrem inneren Heiligtum zu lauschen.

Ein Mantra bezeichnet ein heiliges Wort oder einen heiligen Vers. Durch wiederholtes Aussprechen lässt sich die darin liegende Kraft in das Leben bringen. Es entstehen dadurch kraftvolle Schwingungsfelder, die auf unseren Körper und auf unser Bewusstsein wirken.

Die Verse des Vaterunsers und die Worte des ICH BIN können Sie wie Mantren gebrauchen und erspüren, welches Wort gerade für Sie passend ist. Wenn Sie es gefunden haben, dann bewegen Sie es eine Weile in Ihrem Herzen.

In der Gebetspraxis vieler Religionen ist das rhythmische Sprechen von Mantren oder auch von kurzen Gebeten sehr gebräuchlich. Zum Beispiel im »Jesusgebet«, auch »Herzensgebet« genannt, bei dem die Worte »Jesus Christus« beständig wiederholt werden. Der tiefere Sinn besteht darin, dass der Betende sich durch das rhythmische Sprechen zunehmend in die Schwingung des Wortes hineinbegibt, um das darin liegende Geheimnis zu berühren, das sich im rhythmischen Erklingen erst allmählich erschließt. Eine Gebetsschnur hilft dabei, die Konzentration zu wahren. Ähnlich zeigt sich dies auch beim Rosenkranzbeten, bei dem sich das Vaterunser, das Ave Maria und das »Ehre sei dem Vater« abwechseln. Im Übrigen ist eine geschlossene Gebetskette auch ein Sinnbild für die Einheit in Gott.

Atem – Körper – Seele

Der Atemstrom verbindet unseren Körper mit dem Feinstofflichen. Dabei strömt etwas in uns hinein, das uns belebt, inspiriert, nährt und leitet.

Wie atmen Sie? Beobachten Sie einmal den natürlichen Verlauf Ihres Atems, ohne irgendwie lenken, verstärken oder vertiefen zu wollen. Erlauben Sie Ihrem Atem, so zu sein, wie er ist. Nehmen Sie einfach wahr. Lassen Sie Ihren Atem fließen. Lassen Sie sich atmen. Ein Gefühl von Seindürfen und Getragensein stellt sich dabei ein.

Wenn Sie möchten, können Sie Ihrem Atemstrom gedanklich positive Qualitäten hinzufügen. Stellen Sie sich vor, wie mit dem Atem auch Licht, Liebe, Freude, Frieden, Kraft, Klarheit und was Ihnen sonst gerade wichtig erscheint in Sie hineinfließen.

Pflegen Sie Ihren Körper wie einen Tempel. Er ist das kostbare Gefäß Ihres Lichtes, ein großes Geschenk für dieses Erdenleben, Unterstützer Ihres Geistes und Ihrer Seele. Wenn wir achtsam mit unserem Körper umgehen und lernen, seine Zeichen zu verstehen, entwickelt sich eine freudvolle Zusammenarbeit, in der Körper, Geist und Seele gemeinsam wachsen können. Indem wir beim Beten auch unseren Körper wahrnehmen und ihn miteinbeziehen, verstärken wir das Gefühl von Ganzheit und Präsenz.

Im Betrachten von Bildern, im Atmen, im Nachsinnen, im Wiederholen eines Wortes, das uns berührt, in der Achtsamkeit für den Moment öffnen sich Wege zu unserem Herzen und die Verbindung zu unserer Seele wird gestärkt. Sind wir mit unserer Seele eins, so erleben wir unser strahlendes Licht und empfangen die nährende, wärmende Liebe Gottes.

Gott ist die Liebe. Gott ist in Ihnen. So ist auch die Liebe in Ihnen.

Gott ist das Licht. Gott ist in Ihnen. So ist auch das Licht in Ihnen.

Bildmeditation –

das Vaterunser und die Kraft des ICH BIN

ICH BIN die Einheit.

Vater unser im Himmel, geheiligt
werde dein Name.

*N*ichts steht für sich allein. Nichts ist wirklich getrennt. Die gesamte Schöpfung ist eine wundervolle Einheit. Alle Wesen dieser Schöpfung sind auf vielfältige Weise miteinander verbunden und stehen im Austausch. Wir sind Mitgestalter dieser Schöpfung, und jeder ist kostbar in seiner Position. Das Bewusstsein der Einheit beinhaltet auch das Wiederfinden des Verlorenen in uns selbst und dadurch das Zusammenfügen aller Einzelteile zu einem Ganzen. Einheit beginnt in uns selbst.

Vater, deine Einheit in mir.

Körpergebet

Stehen Sie bequem und entspannt. Nehmen Sie über Ihre Füße den Kontakt zur Erde wahr. Spüren Sie, wie liebevoll Sie von unten gestützt und getragen werden. Über Ihre Fußsohlen finden ein wichtiger Austausch und ein nährendes Verbundensein mit Mutter Erde statt. Wenden Sie nun Ihren Blick zum himmlischen Vater, und stellen Sie sich vor, wie von oben weißgoldenes Licht in Ihren Körper strömt – am Scheitelpunkt Ihres Kopfes, beim Kronenchakra beginnend, durch den ganzen Körper hindurchfließt, bis dieser vollkommen mit Licht gefüllt ist. Spüren Sie in dieses warme Lichtfließen hinein. Fühlen Sie den Segen. Fühlen Sie die Verbindung zwischen Himmel und Erde. Vergegenwärtigen Sie sich dabei: »ICH BIN die Einheit.«

Gebetsgeste: Öffnen Sie Ihre Hände. Sie stehen aufrecht und breiten Ihre Arme leicht seitlich aus. Die Ellenbogen sind dabei etwas angewinkelt und die Handflächen zeigen nach oben. Halten Sie Ihre Arme so, dass es für Sie bequem ist und ein längeres Verweilen in der Position ermöglicht. Mit dieser Gebetsgeste begeben Sie sich in eine Haltung der inneren Weite und des Erwartungsvollen. Sie öffnen sich für das Wirken Gottes in Ihnen und für das Gebet.

Was macht die Freude nun?

Sie erinnert sich an den Sonnengesang von Franz von Assisi, der die ganze Schöpfung umarmte, und macht es ihm heute gleich. Sie sagt »Hallo« zu den Bäumen, zu den Blumen, zu den Wolken, zu den Sonnenstrahlen und auch zu den Menschen. Sie segnet alles, was ihr begegnet, denn alles ist verbunden und alles ist eins.

Ein Lehrer fragt einen jungen Schüler im Matheunterricht: »Was macht eins plus eins?« Erfreut über seine Erkenntnis antwortet ihm der Schüler: »Eine große EINS«

»Ich und der Vater sind eins.«
Joh 10,30

ICH BIN die Demut.

Dein Reich komme,
dein Wille geschehe.

*I*n unserer Liebe sind wir demütig, in unserer Demut dehnt sich Liebe aus. Wenn wir die Größe der Liebe schauen, erkennen wir unser eigentliches Sein. Vielleicht fühlen wir Ergriffenheit vor dem Wunder des Lebens. Vielleicht empfinden wir Dankbarkeit. Vielleicht erwächst daraus der Mut zu dienen. De-Mut wird geboren. So werden wir zu einem Boten der Hoffnung für unser eigenes Wohl und ebenso für das aller anderen.

Vater, deine Demut in mir.

Körpergebet

Das Herz ist ein HEILIGER RAUM, das Reich Gottes und Ihr Königreich. Legen Sie Ihre Hände auf die Mitte Ihrer Brust, fühlen Sie die Verbindung zu Ihrem Herzen und Ihren Herzschlag. Mit jedem Herzschlag entsteht neues Leben. Ihr Herz schlägt für Sie. Es dient Ihnen liebevoll und verteilt die Lebenskraft in Ihrem Körper. Schaffen Sie neuen Raum, indem Sie tiefe Atemzüge nehmen und bei jedem Ausatmen bewusst loslassen, was Ihr Herz nicht mehr benötigt. Visualisieren Sie in Ihrem Herzen einen Lichtpunkt. Mit jedem Einatmen nähren Sie diesen Lichtpunkt und dehnen beim Ausatmen das Licht in Ihrem Herzen aus. Gehen Sie im Verlauf des Tages immer wieder in die Verbindung zu Ihrem Herzen. Fühlen Sie das Licht. Vergegenwärtige Sie sich dabei: ICH BIN die Demut. ICH BIN die Dankbarkeit.

Gebetsgeste: Verneigung. Stellen Sie sich aufrecht hin. Neigen Sie langsam Ihren Kopf und Ihre Schultern. Die Arme können Sie dabei über dem Bauch zusammenlegen oder einfach hängen lassen. Wiederholen Sie diese Verneigung einige Male langsam und unterschiedlich tief. Wenn Sie möchten, können Sie die Verneigung auch kniend ausüben. Spüren Sie den Unterschied zum aufrechten Stehen. Wie fühlen Sie sich dabei? Was nehmen Sie wahr?

Was macht die Freude nun?

Sie holt einen großen Bogen Papier hervor und schreibt alles auf, wofür sie dankbar ist. Sie weiß, Dankbarkeit ist der Schlüssel zu einem Leben in Freude und Erfüllung.

> »Liebe ist Demut, die zur Höhe steigt.
> Demut ist Liebe, die sich niederneigt.«
> Franz von Sales (1567–1622)

ICH BIN der Frieden.

Irina Streck

Wie im Himmel so auf Erden.

Ohne Frieden kann das Leben nicht gedeihen. Frieden wird gebraucht, damit sich das Leben hin zu der Bestimmung entfalten kann, die jeder in sich trägt. Frieden wird zur Vervollkommnung allen Lebens gebraucht. Er beginnt immer in uns selbst. Ist in unserem Herzen Frieden, kann Frieden werden in der Welt.

Meist zeigt sich in uns eine Art Polarität. Wir sind beides zugleich, mal stark und schwach, laut und leise, mutig und feige, fordernd und gebend. Alles, was wir bei anderen ablehnen, gibt es auch in uns selbst. Die Menschen fungieren dabei als Spiegel. Wenn wir die abgelehnten Seiten in uns selbst annehmen, verschwinden oftmals diese unangenehmen Spiegel, die andere Menschen uns vorhalten. Scheinbare Gegensätze vereinen sich, und wir kommen dem Frieden näher.

Vater, dein Frieden in mir.

Körpergebet

Stehen Sie bequem, und lockern Sie Ihren Körper. Lockern Sie Ihr Gesicht, den Kiefer und die Schultern. Kreisen Sie mit den Armen, mit Ihrer Hüfte. Dann kreisen Sie mit den Beinen, dann mit den Füßen. In unseren Gelenken sitzen oft viele Verspannungen. Atmen Sie tief und ruhig. Schauen Sie entspannt. Schenken Sie Ihrem ganzen Körper ein Lächeln. Lassen Sie es sanft von oben nach unten hindurchströmen. Beginnen Sie langsam zu gehen. Spüren Sie den Kontakt Ihrer Fußsohlen zur Erde. Spüren Sie, wie Sie getragen sind. Spüren Sie, wie sich Ihr Gewicht von einem Bein auf das andere verlagert. Und bei jedem Schritt können Sie folgende Worte sprechen und in Ihrem Herzen bewegen: »Ich gehe in Frieden. Ich gehe in Freude.« Stellen Sie sich vor, wie Sie durch Ihr Gehen Fußabdrücke des Lichtes hinterlassen.

Was macht die Freude nun?

Sie verzichtet heute auf ihr Recht-haben-Wollen und hört einfach still zu. Danach sagt sie Danke. Sie tut es, um des Friedens willen und aus der Einsicht, dass es viele verschiedene Sichtweisen gibt. Am nächsten Tag findet sich dann gewiss auch für sie wieder eine Gelegenheit, um ihre Meinung kundzutun.

> *»Herr, mache mich zu einem Werkzeug*
> *deines Friedens.«*
> *Franz von Assisi (1181–1226)*

ICH BIN die Nahrung.

Unser tägliches Brot gib uns heute.

Wir sind geistige Wesen, die irdische Erfahrungen sammeln. Ohne Licht können wir nicht sein. Es nährt uns feinstofflich. Es ist unser Ursprung. Und doch haben wir auch materielle Bedürfnisse, um den Lebensweg auf Erden gestalten zu können. Das Sinnbild »Brot« hat vielfache Bedeutung. Es beinhaltet das irdische Brot, das für die Erfordernisse in der Materie steht, wie Kleidung, ein Zuhause, Lebensmittel etc., und ebenso das himmlische Brot. Zu Letzterem zählt alles, was aus dem geistigen Bereich als Nahrung zu uns fließt, wie Licht, Liebe, schöpferische Impulse, Klarheit, Weisheit, Freude und so vieles mehr. Gleichzeitig verbirgt sich hinter der Bitte um »unser tägliches Brot« im Vaterunser auch der Wunsch nach Versorgung der Gemeinschaft. Wir bitten nicht nur um Brot für uns selbst, sondern auch für unsere Nächsten. Im christlichen Gottesdienst wird bei der Eucharistiefeier mit dem Brot sinnbildlich CHRISTUS empfangen, auf dass diese CHRISTUSKRAFT innerlich verwandelnd wirkt. Vom Brot des Lichtes genährt und gestärkt, werden wir dann auch selbst zum »Brot« für andere und geben das Licht weiter.

Wie sehr vertrauen Sie dem Leben?

Unser Genährtsein, unsere Versorgung hängt auch im hohen Maße davon ab, wie sehr wir bereit sind, uns für die Fülle des Lebens zu öffnen und im Vertrauen zu sein. Dann kann im rechten Maße zu uns kommen, was wirklich gebraucht wird. Vielleicht nicht immer so, wie wir es wünschen und einsehen, doch letztlich wohlwollend und gütig. Das Sinnbild der »Vögel unter dem Himmel« ist ein Aufruf, Vertrauen in das Göttliche zu haben: »Sehet die Vögel unter dem Himmel an: sie säen nicht, sie ernten nicht, sie sammeln nicht in die Scheunen, und euer himmlischer Vater nährt sie doch.« (Mt 6,26)

Vertrauen Sie in das täglich gegebene Brot. Sie sind genährt, geliebt und gehalten.

Vater, deine Nahrung in mir.

Körpergebet

Gebraucht wird immer nur die Nahrung für den gegenwärtigen Tag. Vertrauen Sie darauf, dass dies genügt. Morgen kommt wieder neue Nahrung. Wenden Sie Ihren Blick auf den heutigen Tag, und machen Sie sich bewusst: Dieser Tag nährt Sie. Er hält eine Fülle an Geschenken für Sie bereit.

Alles ist Schwingung. Alles fließt in Energien. Bei einem Spaziergang durch die Natur können wir uns ihre kräftigenden und heilsamen Energien nutzbar machen und in einen nährenden Austausch kommen. Dies geschieht durch einen Bewegungskreislauf. Strecken Sie abwechselnd links und rechts die Arme aus, und führen Sie mit den Handflächen Energien der Natur zu Ihrem Herzen. Atmen Sie ein, wenn die Handfläche zum Herzen zeigt. Dann atmen Sie aus und geben etwas von Ihrer Herzensenergie als Ausgleich an die Erde ab und beginnen wieder von vorne mit weit ausholenden, langsamen und fließenden Bewegungen. Diese Übung können Sie stehend ausüben oder indem Sie langsam gehen. So ist ein Austausch mit der gesamten Natur möglich – mit Bäumen, mit einem See, mit Wiesen und Feldern. Wichtig dabei ist das Bewusstsein, dass es sich um einen Kreislauf handelt und dass auch wir etwas zurückgeben sollten.

Was macht die Freude nun?

Sie richtet ihre Aufmerksamkeit auf die Fülle in ihrem Leben. Sie würdigt all die Geschenke und Kostbarkeiten, die sie umgeben. Jedem, der ihr heute begegnet, gibt sie etwas von ihrer Fülle ab – sei es ein Lächeln, ein freundliches Wort, eine kleine Blume, ein Türaufhalten oder einfach nur etwas Zeit für einen anderen Menschen.

»In jedem Brot ist die Gnade des allmächtigen
Gottes verborgen.«
Nikolaus von Flüe (1417–1487)

ICH BIN die Vergebung.

Und vergib uns unsere Schuld,
wie auch wir vergeben unsern
Schuldigern.

Vergebung heißt, das innerlich Angestaute zu befreien. Gefühle von Groll, Zorn, Kummer und Unversöhnlichkeit dürfen gehen. Vergebung ist Nachsicht. Sie ist Großmut. Sie ist das Vertrauen in die Zusicherung, dass uns niemand den Reichtum nehmen kann, der uns von Gott bestimmt ist. Vergebung hilft dem Gegenüber, vor allem aber hilft sie uns selbst. Sie gibt uns frei, und Heilung kann geschehen.

Vater, deine Vergebung in mir.

Körpergebet

Die Umarmung ist eine Geste der Versöhnung, des Verzeihens und des Dankens. Diese Berührung schenkt uns so viel Wertschätzung und braucht nicht einmal Worte. Machen Sie heute den ersten Schritt auf einen Menschen zu, und umarmen Sie ihn. Halten Sie diese Umarmung aus. Verweilen Sie ein wenig in dem Gefühl der Versöhnung und der Dankbarkeit.

Schenken Sie sich auch selbst eine Umarmung. Umarmen Sie sich fest und Halt gebend. Spüren Sie, wie gut es tut, umarmt zu werden. Wie angenehm die eigene, liebevolle Zuwendung ist. Fühlen Sie, was noch auf Ihrem Herzen liegt, und machen Sie sich bewusst: »Ich vergebe auch mir!« – und vergeben Sie sich selbst, auch für die Momente, in denen Sie glauben, nicht genügt zu haben.

Neulich fiel mir ein kleines Andachtsbild in die Hände. Darauf war Maria als Knotenlöserin zu sehen. In dem Bild reichten ihr Engel eine Schnur, deren Knoten sie zu »erlösen« hatte. Auch uns fällt die Aufgabe zu, Verknotungen in unseren Herzen zu lösen, damit wir wieder leichter weitergehen können. Und auch hier können wir die Geistige Welt um Unterstützung bitten.

Was macht die Freude nun?

Die Freude spricht: »Seid umarmt, Brüder und Schwestern, ihr alle, denen ich vergeben darf. Ich weiß, dass unser Leben sehr vielschichtig ist. Wir spielen verschiedene Rollen darin, um uns selbst zu erfahren. Ihr spielt gut mit, und manchmal tauschen wir die Rollen. Vom höheren Standpunkt aus betrachtet, sind wir gar Freunde. So danke ich euch.«

»Wer da hingibt, der empfängt,
wer sich selbst vergisst, der findet,
wer verzeiht, dem wird verziehen,
und wer da stirbt, erwacht zum ewigen Leben.«
Franz von Assisi (1181–1226)

ICH BIN die Führung.

Und führe uns nicht in Versuchung.

*H*erausforderungen werden im Leben gebraucht, damit die Seele ihre Fähigkeiten erfahren kann. In dem Maße, wie sie Hindernisse meistert, entwickelt sie sich auch. Derartige Prüfungen sind notwendig, um zu wachsen und neue Erkenntnisse zu gewinnen. Es ist ebenso wichtig, unsere eigenen Grenzen und das, was wir können und was wir vielleicht weniger gut können, zu erkennen. Manchmal entdecken wir auch, dass Grenzen dehnbar sind und sich dahinter neue Räume öffnen. Wenn Sie sich nicht sicher sind, welcher Weg zu gehen ist, dann werden Sie ruhig, und spüren Sie in sich hinein. Vertrauen Sie auf Ihre innere Führung. Vertrauen Sie darauf, dass sie Ihnen auf der Lebensreise als ein zuverlässiger Kompass zur Seite steht. Nehmen Sie diese Hilfe an. Lassen Sie sich führen.

Vater, deine Führung in mir.

Körpergebet

Erproben Sie Ihre Intuition. Machen Sie heute einen intuitiven Spaziergang, ohne zu wissen, wohin er Sie führt. Wählen Sie einmal andere Wege. Verändern Sie Ihre Geschwindigkeit beim Gehen. Gehen Sie seitwärts, rückwärts, und drehen Sie sich ab und zu. Schauen Sie in verschiedene Richtungen, betrachten Sie den Boden unter Ihnen, blicken Sie nach oben. Hüpfen Sie, gehen Sie barfuß, und fühlen Sie das frische Gras. Fühlen Sie Ihre Lebendigkeit. Achten Sie auf die inneren Impulse und auf Ihre Wahrnehmungen. Vergegenwärtigen Sie sich dabei: »ICH BIN geführt.«

Was macht die Freude nun?

Sie widmet diesen Tag ihrer Intuition. Sie achtet heute besonders auf ihre Empfindungen und auf die Stimme in ihrem Inneren.

»Wir hören viel, aber wir hören erst eigentlich, wenn wir die wirren Stimmen haben sterben lassen, und nur noch eine spricht.«

Meister Eckhart (1260–1328)

ICH BIN die Erlösung.

Sondern erlöse uns von
dem Bösen.

*D*ort, wo uns das Licht nicht ausreichend zufließt, wir uns dem nährenden Lebensfluss verschließen, wo Lieblosigkeit herrscht, entstehen Verhärtungen und Verknotungen in unserem Körper sowie Abspaltungen auf der Seelenebene. Wir fügen uns selbst und anderen Leid zu. Wir scheinen dadurch etwas von unserer Ganzheit zu verlieren. Wie können wir dieses Verlorene wiederfinden? Wie die Verknotungen lösen? Ein erster Schritt dahin ist Mitgefühl. Der Weg geht immer über das Herz. Wir können lernen, den auftauchenden Empfindungen und Gedanken in uns selbst mit Achtsamkeit und einem mitfühlenden Herzen zu begegnen. Haben Sie den Mut, sich alles anzusehen, was Sie im Innen wie im Außen gerade beschäftigt. Nehmen Sie alles tief in Ihr Herz hinein, und begegnen Sie auch den dunklen Bereichen mit Verständnis. Bitten Sie um Gnade. Sie ist Gottes Liebe für Sie. Erlauben Sie der göttlichen Kraft der Liebe, Sie von allem zu befreien, was jetzt gehen darf.

Vater, deine Erlösung in mir.

Körpergebet

Die Kraft der violetten Flamme ist sehr wirksam. Violettes Licht unterstützt die Prozesse der Verwandlung. Nutzen Sie diese Kraft zur Klärung und zur Reinigung. Stellen Sie sich vor, dass Sie unter einem violetten Wasserfall stehen. Das Wasser strömt an Ihnen hinunter, umhüllt den ganzen Körper. Es strömt in Sie herein und füllt alle Körperteile, alle Organe und jede einzelne Zelle aus. Fühlen Sie, wo in Ihrem Körper Widerstände und verhärtete Bereiche sind. Atmen Sie mit Ihrer Annahme, Ihrem Verständnis und Ihrer Liebe in diese Widerstände hinein. Machen Sie sich dabei bewusst: ICH BIN die Erlösung. ICH BIN die Verwandlung.

Was macht die Freude nun?

Sie malt Schmetterlinge auf kleine Karten und verteilt sie überall in ihrem Haus. Sie weiß, Schmetterlinge sind Vorboten der Verwandlung, und Liebe heilt alles.

»Nimm alles von mir, was mich hindert zu dir.
Gib alles mir, was mich fördert zu dir.
Nimm mich mir,
und gib mich ganz zu eigen dir.«
Nikolaus von Flüe (1417–1487)

ICH BIN die Reinheit.

Denn dein ist das Reich.

Immer wieder ist es wichtig, unseren Körper, unseren Geist, unsere Lebensräume zu reinigen und zu klären. Es sammelt sich viel Reisestaub und viel Ballast, den wir nicht wirklich brauchen, im Laufe eines Lebens an. Unsere ursprüngliche Reinheit jedoch geht niemals ganz verloren. Sie tritt hervor, sobald wir uns an sie erinnern. Reinheit bedeutet auch, ehrlich zu uns selbst zu sein. Ehrlich zu dem zu stehen, wer wir in Wahrheit sind.

Vater, deine Reinheit in mir.

Körpergebet

Verbinden Sie sich heute mit der reinigenden Kraft des fließenden Wassers. Setzen Sie sich an einen Bach oder einen kleinen Flusslauf. Beobachten Sie die Natur des Fließens. In ihr kommen und gehen Dinge, werden geschmeidig empfangen und leicht wieder abgegeben. Stellen Sie sich nun vor, dass sich der Wasserfluss auch durch Ihren Körper zieht und dass das Fließen in Ihrem Inneren wieder belebt wird. Das ist auch eine gute Gelegenheit, an das Wasser all das abzugeben, wovon Sie sich lösen möchten, was Sie belastet, was vielleicht alt ist und nicht mehr gebraucht wird. Was könnte das bei Ihnen sein?

Bekannt ist das Ritual der Fußwaschung. Jesus wusch seinen Jüngern die Füße. Wohl kein anderes Bild transportiert eine derartig starke Symbolkraft der Liebe und Hingabe an den Nächsten. Es sind die Füße, die uns, den ganzen Körper, durch das Leben tragen und staubig werden. Mit diesem Ritual der Reinigung können wir sie würdigen und damit auch unserem Leben DANKE sagen. Gönnen Sie sich am Abend ein entspannendes Fußbad. Machen Sie sich bewusst, dass Sie nun die Last des Tages, die Müdigkeit, die Sorgen abgeben können. Vergegenwärtigen Sie sich dabei: »ICH BIN die Reinheit.«

Was macht die Freude nun?

Heute ist ein Badetag. Ein Tag in und mit dem Wasser. Die Freude widmet ihn der Pflege von Körper, Geist und Seele. Sie macht sich die belebende, erneuernde Wirkung von Wasser bewusst und bedankt sich für dieses kostbare Geschenk.

*»Wer aber von dem Wasser trinken wird,
das ich ihm gebe, den wird in Ewigkeit nicht
dürsten, sondern das Wasser, das ich ihm geben
werde, das wird in ihm eine Quelle des Wassers
werden, das in das ewige Leben quillt.«*

Joh 4,14

ICH BIN die Kraft.

Und die Kraft.

*D*as Kraftzentrum unseres Körpers ist das Herz. Es nimmt darin eine ähnlich bedeutende Stellung ein wie die Sonne inmitten der Planeten. Wenn wir uns mit der Kraft der Sonne verbinden, so verbinden wir uns auch mit dem dahinterliegenden Ursprungslicht – der göttlichen Quelle, die uns nährt. In unsere Kraft zu kommen, bedeutet auch, zu erkennen, was uns wirklich guttut, was uns auf unserem Wege wirklich weiterhilft, und dies auch zu nutzen. Was gibt Ihnen Kraft? Was bestärkt Sie?

Vater, deine Kraft in mir.

Körpergebet

Für viele Menschen ist es die Natur, die ausgleichend und ganzheitlich belebend auf Körper und Seele wirkt. Als besonders kräftigend empfinde ich beispielsweise die Nähe zu Bäumen, die auch wunderbare Lehrer in Bezug auf Geduld und Standhaftigkeit sind.

Gehen Sie zu einem Baum, der sie besonders anspricht. Welcher mag dies sein? Begrüßen Sie ihn, verbinden Sie sich innerlich mit ihm. Lehnen Sie sich rücklings an seinen Stamm, durch den die Lebenskraft des Baumes fließt. Stellen Sie sich vor, dass diese Kraft auch Ihren Rücken stärkt. Verweilen Sie in dieser Position ein wenig. Lenken Sie Ihre Aufmerksamkeit nun zu den Wurzeln des Baumes. Sie reichen tief in die Erde, um dort Halt zu finden. Lassen Sie nun in ihrer Vorstellung aus Ihren Füßen ebenfalls Wurzeln wachsen, die sich im Erdreich fest verankern. Fühlen Sie die Kraft Ihrer eigenen Wurzeln. Verweilen Sie auch hier ein wenig, und atmen Sie tief ein und aus. Gehen Sie nun mit Ihrer Aufmerksamkeit zum Astwerk des Baumes. Fühlen Sie in die nach oben ragenden Äste und feinen Zweige hinein. Dabei können Sie die Arme emporheben und sich strecken. Wie fühlt es sich an, ein Baum zu sein? Auch in Ihnen ist die Kraft seines Stammes, seiner Wurzeln, die Verbindung zum Himmel.

Was macht die Freude nun?

Sie verbringt heute viel Zeit bei den Bäumen. Sie scheinen einander Geschichten zu erzählen. Die Freude lehnt sich an den Stamm einer kräftigen Eiche und lauscht den Geräuschen der Natur.

> »Bäume sind Gedichte, die die Erde in den Himmel schreibt.«
>
> Khalil Gibran (1883–1931)

ICH BIN die Liebe.

Zwar gibt es zur Liebe keinen Vers im Vaterunser, jedoch leben wir inmitten von Liebe. Sind selbst auch Liebe. Daher fügt sich dieses Bild hier ein.

Liebe durchwebt die gesamte Schöpfung. Liebe ist die göttliche Essenz, die hervorbringt und nährt, die verwandelt und wieder Neues entstehen lässt. Sie ist das Lied, das nie endet, der Weg und der Raum, das Ziel und die Tiefe. Liebe stellt ein großes JA zum Leben dar, das alles wertschätzt, was ist. Liebe ist der Grund Ihres Seins. Vertrauen Sie auf die Liebe.

Vater, deine Liebe in mir.

Körpergebet

Widmen Sie diesen Tag der Liebe zu Ihnen selbst. Sie ist die Grundlage unseres Wachstums und unserer Liebe zur gesamten Schöpfung. Auch hier gilt es, den Weg von außen nach innen zu gehen, hin zu unserer eigenen Quelle. Schenken Sie sich selbst ein wärmendes Lächeln sowie Ihre besondere Aufmerksamkeit und Wertschätzung. Begleiten Sie Ihre Tätigkeiten mit einer liebevollen Haltung. Achten Sie auf Ihre Art zu gehen. Setzen Sie jeden Schritt liebevoll. Gehen Sie liebevoll mit sich um.

Gebetsgeste: Falten Sie Ihre Hände auf Brusthöhe zum Gebet. Spüren Sie die Berührung der beiden Handflächen. Die Hände liegen dabei auf der Brust auf, im engen Kontakt zu Ihrem Herzen. Nehmen Sie die zentrierte Haltung Ihres Körpers wahr, während Sie tief ein- und ausatmen.

Diese Gebetshaltung unterstützt Sie dabei, Ihre eigene Mitte zu finden. Fühlen Sie die nährende Verbindung zu Ihrem Herzen. Die Stärkung der Verbindung zum Herzen ist der erste Schritt zu mehr Selbstliebe. Und das ist die Basis für alles Weitere.

Was macht die Freude nun?

Sie findet überall um sich herum den Ausdruck der Liebe – im Singen eines Vogels, in einer kleinen Blume, im Flügelschlag eines Schmetterlings, im Lächeln eines Kindes. Sie fühlt ihr Einssein mit der Liebe und lächelt zurück.

»*Spiele und singe mit deinem Herzen voller Liebe.
Lasse es eine Harfe auserlesener Melodie und Schönheit sein.*«
Murdo MacDonald-Bayne (1887–1955)

ICH BIN die Herrlichkeit.

Und die Herrlichkeit.

Seien Sie das magische Kind, das dem Leben mit Staunen begegnet, es voller Lebendigkeit und Freude erforscht. Seien Sie spontan und entzückt. Handeln Sie intuitiv, auf überraschende und vielleicht etwas verrückte Weise. Dadurch gelingt es oftmals, die eigenen Grenzen auszudehnen und alte Verhaltensmuster zu durchbrechen. Erlauben Sie sich, einen Tag lang ein »Clown« zu sein, verspielt, humorvoll und offen für unbeschwerte Fantasie. Das Kind in Ihnen will lachen und am Leben Freude haben. Was erfüllt Sie mit Freude? Was begeistert Sie?

Die Freude zeigt uns den Weg. Sie führt uns direkt zu unseren Fähigkeiten, unseren Gaben und unserer Lebensaufgabe. Haben Sie Ihre Gaben schon entdeckt? Nehmen Sie Papier und einen Stift zur Hand, und erstellen Sie eine Liste Ihrer inneren Ressourcen. Vielleicht gehört Ihre Herzlichkeit dazu, Ihre Wärme, Ihre Großzügigkeit, Ihre Kreativität, Ihre Weisheit oder auch Ihr Sinn für Ästhetik. Seien Sie kühn beim Entdecken Ihrer eigenen »Weltwunder«. Verstärken Sie ihre Fähigkeiten durch die Anwendung, und teilen Sie Ihre Gaben mit anderen Menschen. So erstrahlt Ihr Licht, und Sie schenken der Welt das Beste, was Sie zu geben haben. Die Welt braucht Ihr Licht.

Vater, deine Herrlichkeit in mir.

Körpergebet

Dies ist eine Jonglierübung mit kleinen Bällen. Jeder Ball steht dabei sinnbildlich für eine Ihrer Gaben. Welche Gaben sind Ihnen besonders wichtig? Verbinden Sie mit ihnen gar eine VISION, ein inneres Bild damit, das jetzt spontan aufsteigt? Nehmen Sie es als Hinweis an. Beginnen Sie die Übung zunächst mit zwei Bällen, die Sie nacheinander in die Höhe werfen. Dann nehmen Sie noch einen dritten Ball hinzu. Es ist nicht schlimm, wenn sie gelegentlich auch runterfallen. Spielen Sie. Haben Sie Freude dabei. Bewegen Sie Ihre Gaben. Bleiben Sie am Ball, üben Sie weiter, und versuchen Sie, Ihr Spiel zu variieren. Vielleicht mit höheren Würfen oder mit einer kleinen Drehung. Machen Sie sich dabei bewusst: »ICH BIN die Herrlichkeit. ICH BIN die Freude.«

Was macht die Freude nun?

Sie besucht einen Zirkus und staunt über die Fähigkeiten der Jongleure, ihre Geschicklichkeit, die Leichtigkeit des Spiels und die Harmonie ihrer Bewegungen. Sie freut sich über die Talente, die sie bei anderen erkennt und weiß, dass kostbare Gaben auch in ihr selbst vorhanden sind.

> »Der Same Gottes ist in uns. Birnensamen
> wachsen zu Birnbäumen heran,
> Haselsamen zu Haselsträuchern und
> Gottessamen zu Gott.«
> Meister Eckhart (1260–1328)

ICH BIN der Klang.

Zwar gibt es keinen Vers zum Klang im Vaterunser, jedoch leben wir inmitten von Klängen. Sind selbst auch Klang. Daher fügt sich dieses Bild hier ein.

Wenn eine Seele neu geboren wird, kommt ein neuer Klang in die Welt. Alles schwingt, alles klingt. Wir sind eingebettet in eine Symphonie der Schöpfung. Allein die Natur offenbart sich in einer Fülle von Klängen. Die Bäume rauschen, das Wasser plätschert, der Wind pfeift, der Donner grollt, und kleine Füße trippeln über den Boden. Bestimmt gibt es auch viele Klänge, die Sie noch nie bewusst wahrgenommen haben, fremde Instrumente, die Sie noch nie gespielt haben oder einfache Dinge des Alltags, die Ihnen unbekannte Klänge erzeugen. Wie klingen Holzlöffel, die auf Töpfe schlagen oder eine Dose mit Erbsen, die geschüttelt wird? Seien Sie erfinderisch, probieren Sie Neues aus. Alle Klänge sind bereits im Raum vorhanden. Sie müssen sie nur hervorholen.

Vater, dein Klang in mir.

Körpergebet

Widmen Sie diesen Tag der Erfahrung der Klänge in Ihnen selbst. Beginnen Sie den Morgen mit dem Tönen von Vokalen: A-E-I-O-U. Stellen Sie sich vor, Ihr Körper sei eine Flöte, die Sie zum Klingen bringen. Stimmen Sie jeden Ton einzeln an, und beobachten Sie, wo im Körper Resonanz spürbar wird. Summen Sie ein »Hmmm«, bis dieser Klang in Ihrem Herzen vibriert, tönen Sie dann ein langes »Ahhh«. Legen Sie eine Hand auf Ihre Brust, und spüren Sie die Verbindung zu Ihrem Herzen, das durch das Klingen angeregt wird. Hören Sie sich heute bewusst zu, wenn Sie sprechen oder singen. Vergegenwärtigen Sie sich dabei: »ICH BIN der Klang. ICH BIN die Melodie des Lebens.«

Was macht die Freude nun?

Sie hat den Musikfilm »Wie im Himmel« (2004) gesehen und meldet sich nun mutig bei einem Chor an. Sie singt voller Begeisterung und erlebt dadurch eine verwandelnde Kraft. Sie transformiert sich selbst, und die Dinge um sie herum werden freudiger und leichter.

>»Klopf an den Himmel und dann hör auf den Klang.«
> Aus dem Zen-Buddhismus

ICH BIN die Ewigkeit.

In Ewigkeit.

*S*chnecken sind sehr langsam und haben sehr viel Zeit. Vielleicht gerade dadurch, weil sie langsam sind. Es scheint gar, dass sie die Zeit dehnen können. Wenn Sie also glauben, keine Zeit mehr zu haben, dann halten Sie inne, und werden Sie etwas langsamer, so wie die Schnecken. Sie werden sehen, dass es in vielen Situationen hilfreich ist und unnötigen Stress abbaut. Sie kommen dadurch zur Ruhe und entwickeln ein Gefühl für den jetzigen Moment. Dieser Augenblick in Ihrem Leben befreit Sie von der inneren Hast und schenkt auch Ihrem weiteren Tun eine neue Qualität. Seien Sie präsent. Seien Sie im JETZT und ganz bei sich selbst, in tiefer Verbindung zu Ihrem Körper und Ihrer Seele.

Vater, deine Ewigkeit in mir.

Körpergebet

Diese Übung hilft dabei, das eigene Energiefeld wahrzunehmen. Begeben Sie sich mit Ihrem Bewusstsein in Ihr Inneres, und erspüren Sie von dort aus Ihre Hände und ebenso Ihre Füße. Folgen Sie Ihrer Empfindung so durch den gesamten Körper, als bewegten Sie sich in Ihrem Inneren, und schenken Sie jedem Bereich Aufmerksamkeit. Dadurch verstärken Sie die Präsenz in Ihrem Körper und kommen zur Ruhe.

Was Sie auch immer heute machen, tun Sie eins nach dem anderen. Seien Sie voll und ganz bei einer Sache. Trinken Sie gerade eine Tasse Tee, so verweilen Sie mit ihrer Achtsamkeit beim Teetrinken, und genießen Sie es. Waschen Sie gerade Ihr Geschirr ab, so seien Sie auch hier ganz dabei. Fühlen Sie die Wärme des Wassers und Ihre Dankbarkeit für das fließende Wasser aus dem Wasserhahn. Beachten Sie auch die kleinen Seifenblasen im Schaum und wie das Licht sich darin spiegelt. Vergegenwärtigen Sie sich dabei: »ICH BIN hier. ICH BIN jetzt.«

Unsere »großen« Tätigkeiten hängen auch mit dem scheinbar »kleinen« Tun zusammen. So schrieb schon mancher Dichter seine schönsten Gedichte nach einem Arbeitstag im Garten. Und ähnlich dachte wohl auch Verdi – Opernkomponist und Landwirt aus Leidenschaft –, wenn er sagte, es sei wohl die Arbeit auf dem Land, die seine größten Kompositionen hervorbrachte.

Was macht die Freude nun?

Heute ist der Tag der Langsamkeit. Die Freude hält bewusst Ausschau nach langsamen Dingen. Sie findet eine Schnecke und betrachtet sie lange. Hektik und Eile scheinen ihr fremd. Sie benötigt keine Siebenmeilenstiefel. Ihr Weg ist nur wenige Zentimeter lang und ist doch ebenso ein Weg.

>*»Denke immer daran,*
>*dass es nur eine wichtige Zeit gibt:*
>*Heute. Hier. Jetzt.«*
>*Leo Tolstoi (1828–1910)*

ICH BIN die Stille.

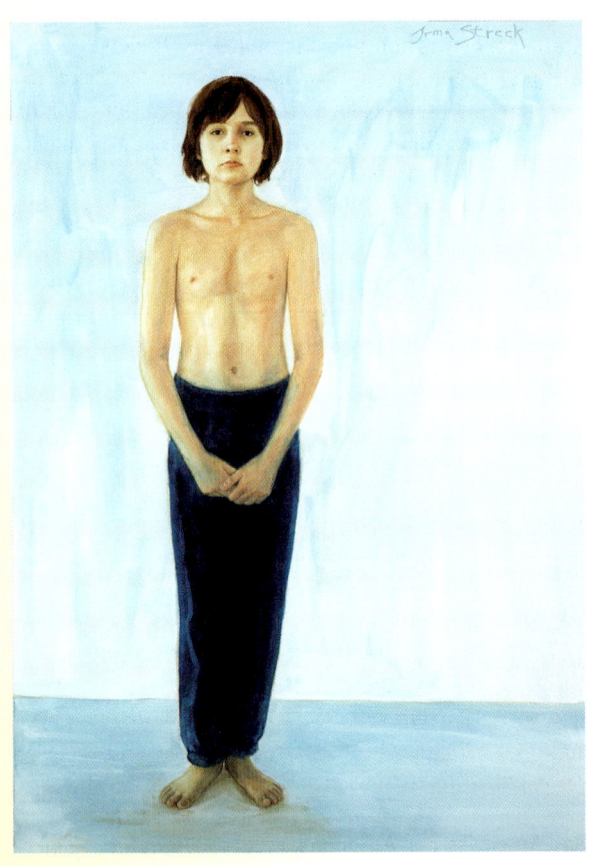

Amen.

*D*ie Stille ist der Urgrund, aus dem alles hervorgeht. In der Stille entwickeln wir eine innere Kraft, Konzentration und Klarheit. Hier finden wir Antworten auf alle unsere Fragen und lernen, das Wesentliche vom Unwesentlichen zu unterscheiden. Wir berühren unsere eigene Tiefe, unser tiefstes Inneres, und erlauben dieser Tiefe, dass auch sie uns berührt. Das ist die Begegnung mit dem ICH BIN. Hier fügt sich alles wieder zusammen. In der Stille wird alles klar.

Vater, deine Stille in mir.

Körpergebet

Die Natur vermag uns sehr viel über die Stille zu lehren. Betrachten Sie, wie still ein Baum ist und wie er mit seinem Sein in der Stille verwurzelt ist. Betrachten Sie, wie still der See ruht, nur hier und da ist ein leichter Wellengang an der Oberfläche zu sehen. Seine Tiefe bleibt davon unberührt. Still wiegt sich das Gras auf den Feldern, und still erblühen die Blumen. Betrachten Sie die Natur mit allen Sinnen. Werden Sie sich ihrer Stille gewahr. Dieses Gewahrsein verbindet Sie mit Ihrer eigenen Stille im Inneren und lässt Sie erkennen, wer Sie wirklich sind. Vergegenwärtigen Sie sich dabei: »ICH BIN die Stille.«

Das Amen ist der Abschluss eines Gebetes und gleichsam eine Bekräftigung: »So sei es!« Erinnern Sie sich nochmals an die einzelnen Wegstationen auf Ihrer Reise durch dieses kleine Buch. Was haben Sie erlebt? Was hat Sie besonders berührt? Welche Empfindungen, welche

Erkenntnisse kamen in Ihnen auf? Bei diesem letzten Bild machen wir uns das empfangene Licht und die Kraft des ICH BIN in unserem Herzen bewusst. Durch dieses Gebet gestärkt, gehen wir nun weiter.

Was macht die Freude nun?

Sie zündet Kerzen an. Der ganze Raum wird hell und freundlich. Zufrieden ruht sie aus.

ICH BIN, und alles ist in mir.

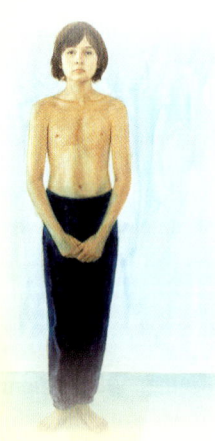

Schlusswort

*D*as ICH-BIN-Gebet verbindet das Vaterunser mit der Kraft des ICH BIN. Es fasst die wesentlichen Worte der Bildmeditationen zusammen.

Dem ICH-BIN-Gebet folgt eine weitere Gebetsvariante, das »Vaterunser – unendliche Liebe«, bei dem auch die Liebe, die größte Kraft im Universum, besondere Erwähnung findet.

Ich freue mich darauf, Ihnen im Anschluss daran etwas zur Entstehung der Bilder und zu den dargestellten Kindern erzählen zu dürfen.

ICH-BIN-Gebet

Vater unser im Himmel,
geheiligt werde dein Name.

ICH BIN die Einheit.

Dein Reich komme.
Dein Wille geschehe,

ICH BIN die Demut.

wie im Himmel so auf Erden.

ICH BIN der Frieden.

Unser tägliches Brot
gib uns heute.

ICH BIN die Nahrung.

Und vergib uns unsere
Schuld, wie auch wir ver-
geben unsern Schuldigern.

ICH BIN die Vergebung.

Und führe uns nicht
in Versuchung,

ICH BIN die Führung.

sondern erlöse uns
von dem Bösen.

ICH BIN die Erlösung.

Denn dein ist das Reich

ICH BIN die Reinheit.

und die Kraft

ICH BIN die Kraft.
ICH BIN die Liebe.

und die Herrlichkeit

ICH BIN die Herrlichkeit.
ICH BIN der Klang.

in Ewigkeit.

ICH BIN die Ewigkeit.

Amen.

ICH BIN die Stille.

Vaterunser – unendliche Liebe

»Vater unser, unschuldig und rein,
Geheiligt werde Dein Name.
Möge die Liebe als all das gesehen werden,
was sie ist.
Möge die Erde so wie der Himmel
gesehen werden.
Fülle diesen Tag
aus Deinem überreichen Vorrat,
Und lass uns empfangen,
so wie wir anderen dieses Recht zugestehen.
Heile uns von den Gefahren der Illusionen,
Und erneuere unsere Wahrnehmung der
Wahrheit.
Denn die Wahrheit ist das Reich,
und die Liebe ist die Macht,
Und Dein ist die Herrlichkeit in Ewigkeit.«[11]

Am Ende zählt nur die Liebe. Sie steht hinter allem, was uns begegnet. Sie ist die Essenz des Vaterunsers, das Wesen des ICH BIN. Sie verbirgt sich hinter allem Schmerz und hinter jeder Freude. Sie ist bei uns, mitten in der Nacht und ebenso am hellsten Tag, in Sümpfen und auf

11 Glenda Green: »Unendliche Liebe – Jesus spricht ...«. Koha-Verlag, 4. Auflage 2006, Widmung.

Blumenwiesen. Sie spiegelt sich in jeder Träne, in jedem Lachen. Alles wird von ihr umarmt. Allem erlaubt sie zu sein. Sie ist wie die Sonne, die bedingungslos für alles und für jeden scheint. Sie leuchtet für Sie – beharrlich, beständig, geduldig und ruft Ihnen zu:

»Du bist Liebe, Freude, Herrlichkeit!«

Zur Entstehung der Bilder

Lange bevor ich mit dem Malen der Bilder begann, faszinierte mich die besondere Kraft und Klarheit des Vaterunsers. Und stets hatte ich das Gefühl: Zwischen den Zeilen und Worten ist noch viel mehr zu entdecken. Anfangs war es jedoch keineswegs meine Absicht, über das Gebet zu schreiben. Das lag noch in weiter Ferne. Was mich dem Vaterunser jedoch näherbringen sollte, waren Kinder. Kinder zu malen, damit hatte ich bereits während meines Aufenthalts in der Schweiz begonnen, wo meine Familie und ich eine Zeit lang lebten. Ich malte sehr oft meine eigenen Kinder, die mir als Quelle der Inspiration dienten.

Ein weiterer wichtiger Impuls war ein Einkauf in einem Supermarkt. In diesem lagen Postkarten aus, auf denen jeweils ein Kind mit einer Frage abgebildet war. Es waren ungewöhnliche Fragen wie: »Was essen eigentlich Fleischtomaten?« und »Wer weckt eigentlich den Hahn?«. Ich fand das zunächst eher lustig und zum Schmunzeln. Später bemerkte ich jedoch, dass hinter dem scheinbar nur Lustigen ein tieferer Sinn zum Ausdruck kommt. Kinder haben eine andere Art zu denken und das Leben wahrzunehmen. Mir schienen diese Kinder als Wegweiser in einen neuen Morgen. Diese Kinder könnten uns mit ihrer offenen Herzensnatur und Fantasie dabei helfen, leichter und lichtvoller zu leben. Die Idee, Kinder zu malen und sie als »Botschafter des Lichtes« darzustellen, nahm Konturen an.

Meine Reise begann ab diesem Punkt, denn ich hatte zu dieser Berufung JA gesagt. Und irgendein Gesetz im Universum bewirkt, dass, sobald man einmal JA sagt, sich Dinge in Bewegung setzen und uns in unserer Absicht unterstützen. Dieses »Entgegenkommen des Lebens« konnte ich durch viele Fügungen erfahren. So ging ich zum Beispiel in eine Kirche, in der mir ein Leporello zum Vaterunser mit den abstrakten Aquarellen von Andreas Felger in die Hände fiel. Sie berührten mich sofort und bekräftigten meinen Wunsch, auch ein Vaterunser zu malen. Nicht abstrakt, sondern gegenständlich, den Menschen ins Zentrum stellend. Dieser Gedanke ließ mich fortan nicht mehr los. In mir reifte die Idee von einem gemalten Gebet mit Kindern. Ich brauchte noch ein wenig, um Mut zu entwickeln und mit dem Malen zu beginnen. Wegbegleitend dabei war mir die Losung:

»Vertraue dem Licht, das dich führt, und folge der Freude deines Herzens!«

Wer sind diese Kinder?

Mir wurde oft die Frage gestellt, ob es reale Vorbilder für die Kinder der Vaterunserbilder gebe, oder ob sie einfach innere Bilder von mir seien, die ich gemalt habe. Alle Kinder gibt es wirklich. Teils sind meine eigenen Kinder dabei, teils Freunde meiner Kinder und teils Kinder, die mir »ganz zufällig« über den Weg liefen. Sie waren meistens acht bis zwölf Jahre alt. Einige von ihnen sind heute bereits junge Erwachsene. Die Begegnung mit diesen Kindern, die einzelnen Geschichten und wie daraus Bilder wurden – all diese Erinnerungen gehören nun zu den Kostbarkeiten meines Lebens.

Den Impuls zum Malen eines Bildes, das die Freude ausdrückt, erhielt ich durch die Freundin meiner Tochter. Sie wohnte im Nachbarhaus und kam sehr oft zum Spielen. Beide waren entweder im Garten oder irgendwo im Haus, stets in ihre eigene Welt versunken. Eines Tages, es war Sommer und ziemlich heiß, hatte ich Lilien gekauft, die ich gern skizzieren wollte. Da stand nun dieses Mädchen barfuß am Eingang. Ihr verschmitzter Gesichtsausdruck, das vom Spielen etwas verzauste Haar und besonders das rote Kleidchen weckten in mir sofort ein Gefühl von Freude. Wenngleich es kein zentrales Bild im Vaterunser wurde, so ist die Freude doch stets mit dem Licht verbunden und begleitet uns in diesem kleinen Buch durch alle Bilder.

Es war wirklich so, dass mir all diese Kinder nach und nach auf den Weg gestellt wurden. Tatsächlich hatte ich das Gefühl, dass mir diese Kinder nicht zufällig begegneten.

Sie kamen zu mir wie der lichte Morgen in den Tag. Teils durch meinen Wunsch angezogen, dieses »Gebet in Bildern« Wirklichkeit werden zu lassen, teils durch das Entgegenkommen der geistigen Kräfte, die mich dabei vielfach unterstützten.

Vision

Das Vaterunser gleicht einer Reise mit vielen Wegstationen in einem unendlich großen Bewusstseinsraum. Kein anderes Gebet hat mich so nachhaltig berührt und so intensiv begleitet. Es hat mich zutiefst darin bestärkt, an die Vision einer lichtvollen, friedlichen Welt für uns alle zu glauben und meinen Weg als Lichtmalerin fortzusetzen. Ebenso kann es auch Sie bestärken.

Jeder Mensch trägt eine Vision in sich – ob bewusst oder unbewusst –, eine tiefe Sehnsucht des Herzens, die nach Erfüllung ruft und uns an unsere wahre Bestimmung erinnern möchte. Auch hier passt das Sinnbild eines Samenkorns, das in uns aufgeht, wenn wir unsere VISION zu leben beginnen. Dann erstrahlen wir in unserem wahren Sein und hinterlassen Spuren des Lichtes, wohin wir auch immer gehen, was wir auch immer tun. So können wir, wenn wir dies wünschen, allesamt Lichtmaler sein und brauchen dazu weder Pinsel noch Farbe. Wir malen dann durch die Freude eines offenen und liebenden Herzens aus der Kraft des ICH BIN heraus.

Danksagung und Widmung

Dankeschön, liebe Leserin und lieber Leser, für Ihre Aufmerksamkeit. Ich freue mich, wenn die Worte und Bilder dieses Buches für Sie hilfreich waren und Sie dadurch vielleicht neue Impulse auf Ihrem Weg gewinnen konnten. Danke für die gemeinsame Reise durch dieses Gebet.

Dankeschön an die Geistige Welt, die mir die Bilder und Worte zugetragen hat. Dankeschön an Jesus Christus für das wunderbare Vaterunser. Ein inniger Dank gilt meiner Mutter, die mich immer darin bestärkte, an diesem Gebet zu wirken. Ein herzliches Dankeschön an Heidi und Markus Schirner, die dieses kleine Buch mit einem Ja begrüßten und mir ihr Vertrauen schenkten. Lieben Dank an meine Lektorin, Karin Garthaus, für ihre stets freundliche Hilfe und ihre wertvollen Impulse, durch die das Büchlein die hier vorliegende Form fand. Dankeschön für alle Unterstützung.

Ich schrieb dieses Buch im Gedenken an meinen Vater. Es ist allen Menschen gewidmet.

Möge das Licht in diesem Gebet unsere Herzen berühren, unseren Geist inspirieren und uns dabei helfen, im eigenen wahren Licht zu leben.

Literatur- und Quellenhinweise

Eckhart Tolle: »Stille spricht«. Arkana Verlag 2003

Eckhart Tolle: Vortrag, veröffentlicht am 22.2.13 unter: youtu.be/DlupfaF4lIU (Stand: 28.09.2015)

Edmond Bordeaux Székely: »Das Friedensevangelium der Essener«. Neue Erde GmbH, 3. Auflage 2011

Elberfelder Bibel 1905: www.bibel-online.de (Stand: 30.09.2015)

Glenda Green: »Unendliche Liebe – Jesus spricht ...«. Koha-Verlag, 4. Auflage 2006

Lutherbibel 1984: www.die-bibel.de (Stand: 30.09.2015)

Neil Douglas-Klotz: »Das Vaterunser«. Verlagsgruppe Droemer Knaur GmbH & Co. KG, München, Neuausgabe 2007

Omraam Mikhaël Aïvanhov: »Die wahre Lehre Christi«. Prosveta Verlag 2005

Trudi Thali: »Das Vaterunser als Chakra-Meditation«. Verlag Hermann Bauer KG 1992

Über die Autorin

Irma Streck ist eine spirituelle Künst-
lerin. Ihre besondere Art zu malen,
nennt sie LICHTmalerei. Heute ar-
beitet sie freischaffend als Künstle-
rin, Maltherapeutin, Dozentin sowie
Autorin. In Kursen und Seminaren
begleitet sie Teilnehmer dabei, ihre
Kreativität zu entdecken und ihr Bewusstsein zu erweitern. Sie ist Mutter von zwei erwach-
senen Kindern und lebt in der Nähe von München.

Weitere Informationen finden Sie auf:
www.lichtmalerei.info

Ebenfalls von der
Autorin erschienen im

Schirner
Verlag

**Das Ave Maria und
die Schönheit des ICH BIN**
Ein Gebet in 9 Bildern

112 Seiten
ISBN 978-3-8434-5149-9

Irma Streck nimmt uns mit auf eine Reise – eine Reise zum Göttlichen und zu uns selbst. Mit auf diesen Weg gibt sie uns sanfte Achtsamkeitsübungen, ausdrucksstarke Bilder sowie die kraftvollen Worte des ICH BIN vereint mit dem Ave Maria. Indem wir in die Energien dieses weltbekannten Gebets eintauchen, verbinden wir uns mit der lichtvollen Kraft Marias. Die Gottesmutter kommt uns dann liebevoll entgegen und bestärkt uns darin, das göttliche Licht auch in uns selbst zu erkennen und unsere weiblichen Qualitäten – Barmherzigkeit, Trost, Schutz, Hingabe, Liebe – wieder stärker zum Vorschein zu bringen. Göttliche Einheit, wahrer Frieden und Harmonie entstehen in uns und durch uns auch auf der ganzen Welt.